La is

Segunda pa

secreto

Theresa Marrama

Cover art by Nikola Kostovski

Interior art by Nikola Kostovski

Book cover graphic edit by bookcover_pro

Copyright © 2020 Theresa Marrama

All rights reserved.

No part of this publication may be reproduced, stored in a retrieval system, or transmitted, in any form or by any means (electronic, mechanical, photocopying, recording or otherwise).

ISBN: 978-1-7350278-1-4

DEDICATION

To all my readers who encouraged me along the way to write this sequel. For all your positive feedback, I am forever grateful! I hope you enjoy the sequel!

ACKNOWLEDGMENTS

Thank you to Jennifer Degenhardt for her amazing work translating this story into Spanish. Thanks to Claudia Elliott and Andrea Dima Giganti for your amazing feedback and time spent editing my story.

It is so wonderful to have colleagues and friends willing to share their time and energy to help others.

Thank you to my brother Scott, who listened as I shared my ideas and thoughts on this story!

A note to readers:

This story is about a real island in Nova Scotia, Canada. There have been stories of buried treasure and unexplained objects found on or near this island for years. And Daniel has found a map that may be connected to the treasure...

Featuring approximately 3,500 total words and 325 unique words, this comprehensible level 2+ novel brings you on a boy's search for the truth about l'île Oak and the map.

ÍNDICE

Capítulo 1 : El mapa 1

Capítulo 2 : La foto 5

Capítulo 3 : No le digas nada a nadie 9

Capítulo 4 : Un incidente extraño 14

Capítulo 5 : Una visita a la casa de Luc 17

Capítulo 6 : Una explicación 21

Capítulo 7 : Un problema en la casa del Abuelo 26

Capítulo 8 : Toda la verdad 29

Capítulo 9 : Luc sabe que el mapa existe 33

Capítulo 10 : La razón 37

Epílogo : 4

Capítulo uno
El mapa

Daniel mira la foto y luego mira a su abuelo, confundido.

—Abuelo, el mapa en esta foto... ¿Es el mismo mapa que encontré?...

—Daniel, todo lo que pasó es extraño. Cuando vi el mapa que encontraste, **no sabía qué hacer**[1]. Es increíble… Completamente increíble… Pensaba que el mapa había desaparecido. Pero luego, tú lo encontraste. Vamos a la sala y te voy a explicar.

Daniel y su abuelo van a la sala. Daniel mira a su abuelo con un gesto confundido. Se sienta en el sofá. No habla. Está callado porque no comprende. Él está muy confundido a causa de la foto. Pero, más que nada, Daniel quiere comprender por qué su abuelo está **involucrado**[2] con la historia del mapa.

—Daniel, sé que no comprendes, pero ¡no le puedes decir a nadie que

---

[1] **No sabía que hacer** - I didn't know what to do
[2] **involucrado** - involved

encontraste este mapa! Hablo en serio – dice su abuelo.

Daniel no mira a su abuelo cuando le habla. Sigue mirando la foto. Piensa en el mapa. Piensa en todo lo que **ha aprendido**[3] sobre el tema de este mapa y el tema de la Isla Oak.

–¿Entiendes, Daniel? –pregunta su abuelo.

Daniel lo mira e inmediatamente, piensa en su amigo, Luc. ¡Oh, no! ¡Luc sabe que el mapa existe! Luc sabe que Daniel encontró el mapa. No, no puede decirle a su abuelo que le mostró el mapa a Luc. Se nota que su abuelo habla en serio-, muy en serio.

– Sí, entiendo –responde Daniel.

---

[3] **ha aprendido** - has learned

Capítulo dos
La foto

Daniel mira a su abuelo. No le puede decir que Lucas sabe todo sobre el mapa. Su abuelo va a estar **decepcionado**[4]. Pero Daniel debe entender cómo su abuelo está involucrado en esta historia. Escucha con atención:

—Daniel, la historia de esta foto es complicada, muy complicada. Te dije que busqué el tesoro en la Isla Oak con mis amigos. Nosotros investigamos toda la información posible para entender la leyenda de la isla. Después de un tiempo, **descubrimos**[5] la maldición de la isla: cinco personas murieron buscando el tesoro.

---

[4] **decepcionado** - disappointed
[5] **descubrimos** - discovered

¡Espera! ¿Cinco personas? Me dijiste que seis personas **murieron**[6]. No entiendo –dice Daniel, muy interesado.

–Sí, te dije que seis personas murieron buscando el tesoro. Pero mira la foto, Daniel –explica su abuelo.

Daniel mira la foto que tiene en sus manos una vez más. Examina la foto. Entonces, su abuelo le da un periódico viejo. Daniel lo toma y ve el titular: *«Otro muerto en la Isla Oak, pero todavía no hay tesoro.»* Lee el artículo. Cuando termina de leer, mira a su abuelo, confundido. **Reconoce**[7] ese artículo.

–Abuelo, ¿por qué me enseñas este artículo otra vez? Ya lo leí el otro día. No entiendo –dice Daniel.

---

[6] **murieron** - died
[7] **reconoce** - he recognizes

—Mira la foto, Daniel, y compárala con el otro artículo sobre el hombre que murió —explica su abuelo, en un tono serio.

Daniel mira otra vez las dos fotos. Mira a su abuelo con ojos muy abiertos. No dice nada. Entiende. Entiende todo.

En ese momento, Daniel piensa en dos cosas:

1. La maldición de la Isla Oak es real.
2. Luc también sabe que el mapa existe.

Capítulo tres
Ne le digas nada a nadie

Daniel sigue mirando las dos fotos.

—Abuelo, estoy confundido. Si entiendo bien, ¿este hombre muerto en el artículo era tu amigo? ¿Es uno de los hombres que está en la foto contigo? ¿Murió cuando ustedes buscaban el tesoro?

—Sí, Daniel. Entiendo que **estés**[8] confundido, pero la historia del mapa es complicada. Hay muchas cosas por explicar, pero no tengo el tiempo ahora para explicarte todo.

Daniel no puede hacer otra cosa. No quiere estar en casa. Su abuelo tiene toda

---

[8] **estés** - you are

la información que necesita para comprender la maldición de la Isla Oak.

En ese momento su celular vibra en su bolsillo. Daniel lo mira. Hay un texto:

> *¡Creo que tengo información sobre el mapa!*

Daniel está nervioso. Ya no quiere hablar del mapa con Luc. Su abuelo estaba tan serio cuando dijo:

«¡No le digas nada a nadie!»

La idea de una maldición y de un mapa viejo es muy fascinante. Y ahora, esta historia es sumamente interesante. Piensa en su abuelo y en las fotos. Piensa en cómo el mapa cambió la vida de su abuelo. Piensa en cómo el mapa ya cambió su vida.

Daniel mira el texto de Luc otra vez más. Decide no responder. Pone el celular en su bolsillo.

Finalmente, Daniel se levanta. Le da la foto y el periódico a su abuelo y le dice:

—OK. abuelo, voy a venir a verte más tarde y podemos continuar la conversación.

—Sí, pero Daniel, ¿dónde está el mapa?

Daniel mira a su abuelo. Daniel mira a su alrededor. Parece un poco asustado.

—Ah sí, tengo el mapa en mi mochila.

—Daniel, dame el mapa, por favor. Quiero **guardarlo**[9] en mi **caja fuerte**[10] en el **sótano**[11]. Tengo que salir en unos minutos, pero podemos continuar esta conversación luego —dice su abuelo.

---

[9] **guardarlo** - to keep it
[10] **caja fuerte** - safe
[11] **sótano** - basement

Daniel toma su mochila y la abre. Toma el mapa y **se lo da**[12] a su abuelo. Daniel no dice nada. Camina en silencio a la puerta. **Se da vuelta**[13] y mira a su abuelo con el mapa en las manos y piensa: *«¿Qué voy a hacer con Luc?»*

---

[12] **se lo da** - he gives it
[13] **Se da vuelta** - he turns around

Capítulo cuatro
Une incidente extraño

Daniel camina a su casa. Piensa en muchas cosas. Trata de comprender todo, pero todavía tiene muchas preguntas.

Oye un ruido detrás de él, y de repente, algo le pega y él cae al suelo. Daniel piensa : «¿*Qué está pasando?*»

Cuando abre los ojos, no ve a nadie. Se levanta despacio. Después de unos segundos, ve a lo lejos una silueta de una persona corriendo. No sabe si la silueta es un hombre o un muchacho.

Busca su mochila. Mira por todas partes, pero no la ve. Mira a su alrededor y se dice: «*¿Quién **querría**[14] tomar mi mochila y por qué?*»

Corre a su casa lo más rápido posible. Su papá no está allí. Su mamá no está allí. Daniel todavía está un poco **asustado**[15] después del incidente en la calle. No comprende. No comprende por qué una persona querría tomar su mochila.

De repente él comprende: «*¡EL MAPA! ¡El mapa estuvo en mi mochila!*»

---

[14] **querría** - would want
[15] **asustado** - shaken up

Daniel está confundido. La única persona que sabe del mapa es Luc. ¿Tomó él la mochila?

Daniel no comprende mucho, pero en ese momento, sí comprende una cosa importante: ¡tiene que hablar con Luc!

Capítulo cinco
Una visita a la casa de Luc

Cuando Daniel llega a su casa, busca su celular para escribir un texto a Luc. Con todas las emociones, se olvidó que su celular también estaba en su mochila.

Daniel no tiene otra opción. Tiene que ir a la casa de Luc para hablar con él. Tiene que ir ahora.

Después de unos minutos, Daniel llega a la casa de Luc. Sube las escaleras de entrada a la casa. Toca a la puerta. Espera un momento y finalmente, la puerta se abre. Hay un hombre viejo que abre la puerta. Por un momento Daniel piensa: «*¿Conozco a este hombre? Y si lo conozco, ¿de dónde?*»

El hombre mira a Daniel y le dice:

—¿Quién eres tú? ¿Qué quieres?

—¿Está Luc en casa? —pregunta Daniel.

El hombre mira a Daniel en una manera rara. En ese momento llega Luc.

–¡Oh, Daniel! ¡Estás aquí! Traté de contactarte por texto, pero no respondiste –dice Luc.

–Lo siento –responde Daniel.

Los dos chicos van al dormitorio de Luc para hablar. El hombre que abrió la puerta sigue mirando a los dos chicos. Escucha su conversación con mucha atención.

–Sí, traté de contactarte porque investigué mucho en Internet. ¡Creo que es el mapa verdadero, Daniel! El mapa del tesoro de la Isla Oak.

Daniel no sabe qué decir. No sabe cómo convencer a Luc de que el mapa no es importante. Quiere convencer a Luc de que ellos deben olvidarse del mapa.

–Luc, lo siento, pero desafortunadamente, el mapa no es auténtico. Es sólo un mapa viejo. Le pregunté a mi abuelo sobre el mapa y me dijo que el mapa no puede ser un mapa verdadero del tesoro –explica Daniel.

Luc no responde. Parece distraído, muy distraído. En ese momento una persona grita desde otra parte de la casa:

–Luc, ¡tenemos que irnos ahora!

–Daniel, necesito irme. Pensaba que el mapa era real. **¡Qué lástima!**[16] –dice Luc.

–Luc, ¡vamos! –grita el hombre una vez más.

---

[16] **¡Qué lástima!** - What a shame!

Daniel mira a Luc. Parece diferente. Daniel no comprende por qué, pero Luc parece un poco nervioso.

Capítulo seis
Una explicación

Más tarde, después de la cena, Daniel regresa a la casa de su abuelo. Tiene que hablar con él. Tiene que saber más sobre el mapa y comprender la conexión entre su abuelo y la isla.

—Abuelo, ¿buscaste el tesoro con los hombres en la foto? —pregunta Daniel.

Los dos están a la mesa en la cocina.

—Daniel, era joven, pero sí, busqué el tesoro en la Isla Oak con mis amigos. Un día, mi amigo Pascal encontró un mapa en un baúl en su garaje. Nosotros estudiamos ese mapa día tras día por muchos años. Investigamos toda la información posible para comprender la leyenda de la isla. Finalmente, decidimos buscar el tesoro. Durante cinco años, Guy, Pascal y yo estuvimos buscando el tesoro.

Su abuelo para de hablar por un momento. Daniel nota que parece triste. Es evidente que esta conversación es muy difícil para él. Su abuelo lo mira y le dice en una voz muy seria:

–**Ha pasado**[17] un largo tiempo desde que la última vez hablé de la leyenda y la maldición. En realidad, ha sido un tiempo largo desde que hablé con mis mejores amigos. Es triste. **Los extraño**[18] mucho. Muchas veces me siento solo. Mi amigo Guy murió mientras **buscábamos**[19] el tesoro. **Se cayó en un hoyo**[20]. Fue un accidente horrible. Después de eso, mi vida cambió para siempre. La vida de Pascal también

---

[17] **Ha pasado** - has gone by
[18] **Los extraño** - I miss them
[19] **buscábamos** - we were looking for
[20] **Se cayó en un hoyo** - He fell in a hole.

cambió. Perdimos a un gran amigo. Comprendimos que la maldición no era sólo un rumor, sino que era una leyenda verdadera. No podía continuar buscando el tesoro. Pascal no podía continuar buscando el tesoro tampoco. Puso el mapa en el baúl en su garaje, donde lo había encontrado inicialmente. Ese día, **prometimos**[21] nunca más hablar de la leyenda ni de la maldición de la isla.

Daniel escucha con atención. No puede creer lo que escuchan sus oídos. Su abuelo continúa:

—Daniel, es muy importante que comprendas que hay una maldición seria en la isla. Muchas personas quieren encontrar el mapa para encontrar el tesoro que está enterrado en la isla. **Según**[22] los rumores, es un tesoro

---

[21] **prometimos** - we promised
[22] **según** - according to

muy importante. Pero el tesoro no es más importante que una vida. La maldición es verdad, cada vez que una persona busca el tesoro en la isla, hay una muerte. Es como que alguien no quiere que el tesoro sea descubierto. A causa de eso, tener este mapa es muy peligroso. Algunas personas **harían lo que fuera**[23] para obtener este mapa. Esa es la razón por la que nadie debe saber que lo encontraste.

–Sí, ahora comprendo, abuelo. Comprendo –dice Daniel.

Daniel y su abuelo continúan hablando sobre la isla y el mapa y de la búsqueda de tesoro. Pero Daniel está **preocupado**[24]: sólo piensa en Luc.

---

[23] **harían lo que fuera** - would do anything
[24] **preocupado** - worried

Más tarde, Daniel regresa a su casa. Va a su dormitorio y piensa mucho. **Nunca hubiese creído**[25] que su verano **iba a ser**[26] así. Finalmente, se duerme.

---

[25] **Nunca hubiese creído** – he never would have believed
[26] **iba a ser** - would be

Capítulo siete
Un problema en la casa del Abuelo

Al día siguiente, Daniel va a la casa de su abuelo. Cuando sube las escaleras de la casa, mira a la puerta. Ve una cosa muy rara. La puerta no está cerrada completamente. Entra despacio en la casa de su abuelo.

—¡Abuelo! ¡Abuelo! —llama Daniel.

No hay respuesta. Sólo hay un gran silencio.

—Abuelo, ¿estás aquí? —pregunta Daniel.

Daniel espera por un momento, y un poco más, pero no hay una respuesta. Después de unos minutos, oye algo. Oye un ruido. El ruido viene del sótano. Inmediatamente, Daniel comprende. ¡Comprende todo! ¡EL

MAPA! El mapa está en el baúl en el sótano.

Corre a la puerta del sótano. No tiene que abrirla porque ya está abierta. Baja rápidamente por las escaleras. Mira a su alrededor. No hay nadie. Piensa: *«¡Qué raro! Estoy seguro de que oí algo.»*

Es evidente que su abuelo no está en la casa. Daniel está ansioso. Está preocupado y piensa: *«¿Estará bien el abuelo? ¿Estará en peligro?»*

Comienza a subir las escaleras cuando de repente, algo **le llama**[27] la atención. No puede creer lo que ven sus ojos. Ve una mochila en el suelo debajo de la ventana, en el sótano. Pero no cualquier mochila, SU mochila. La ventana está abierta. ¡NO! La ventana

---

[27] **le llama** - attracts his

no está abierta, está **rota**[28]. Ahora Daniel comprende porque oyó un ruido. *«¡Alguien estuvo en el sótano! Probablemente la persona que robó mi mochila. »*

---

[28] **rota** - broken

Capítulo ocho
Toda la verdad

—Daniel, ¿estás aquí?

Daniel sube las escaleras rápido. Ve a su abuelo, que parece confundido.

—No comprendo, Daniel. ¿Por qué estabas en el sótano? ¿Qué hacías? – pregunta su abuelo, serio.

Daniel mira a su abuelo. Se sienta a la mesa. Comienza a explicar todo:

—Abuelo, cuando salí de tu casa ayer, mientras caminaba a casa, algo me pegó de repente. Me caí al suelo. No vi qué me pegó. Cuando me levanté, vi que mi mochila había desaparecido.

Su abuelo lo mira muy serio y pregunta:

—Daniel, ¿estás seguro de que no viste a ninguna persona?

Antes de poder responder a la pregunta, el abuelo de Daniel lo mira y le dice:

31

—No es importante, Daniel. Es sólo una mochila. ¿Cómo **te sientes**[29]? ¿Estás bien?

—Sí, estoy bien, abuelo, pero cuando llegué a tu casa hoy, la puerta estaba abierta. Entonces, entré en la casa, y oí un ruido en el sótano. Bajé al sótano. No vi a nadie, pero mi mochila estaba en el suelo debajo de la ventana. Y la ventana estaba rota.

—¿Qué raro! No comprendo. ¿Quién puede querer entrar a la casa? –responde su abuelo.

Daniel no puede guardar su secreto ni un minuto más.

—Abuelo, hay otra cosa...

Daniel está callado por un momento. Su abuelo parece ansioso.

---

[29] **te sientes** – are you feeling

32

—Daniel, **¿qué tienes?**[30]

—Abuelo... Otra persona sabe que el mapa existe.

— ¿Qué? No comprendo. ¿Quién?

---
[30] **¿Qué tienes?** – What's wrong?

Capítulo nueve
Luc sabe que el mapa existe

Daniel nota que su abuelo está preocupado. No responde inmediatamente. El abuelo mira a Daniel y le pregunta:

–Daniel, ¿quién sabe que el mapa existe?

–Mi amigo Luc sabe que encontré el mapa.

–¿Vio el mapa?

–Sí, vio el mapa.

–Daniel, te dije que era importante que no hablaras con otras personas del mapa. ¿Por qué no me escuchaste?

—Abuelo, Luc **había visto**[31] el mapa antes de que me hablaras. Lo siento, abuelo.

—Oh, Daniel, es muy peligroso que alguien **sepa**[32] que el mapa existe. Hay que hablar con Luc. Es importante.

Daniel no responde. Él está pensando en todas las posibilidades: *«Es posible que Luc **haya sido**[33] la persona que me pegó? Es posible que Luc **haya robado**[34] mi mochila?»*

—Sí, abuelo. Comprendo.

Daniel sabe que tiene que contactarse con Luc. En ese momento baja al sótano para tomar su mochila. Sube la escalera con la mochila y la abre. Ve su celular

---

[31] **había visto** - had seen
[32] **sepa** - knows
[33] **haya sido** - has been
[34] **haya robado** - has stolen

portátil. Su celular está allí todavía. Piensa: «*¿Por qué alguien robó mi mochila pero no tomó nada y la dejó en la casa de mi abuelo? Toma su celular y escribe un texto a Luc.*

Luc, Quiero hablar del mapa... Estás en tu casa?

Daniel mira su celular mientras piensa en todo lo que pasó. Inmediatamente, recibe un texto de Luc.

> **Excelente. Estoy en casa. Quiero mirar el mapa una vez más. ¡Tráelo!**

Daniel está más interesado que nunca. No sabe por qué Luc **robaría**[35] su mochila y por qué le pondría en peligro.

–Ok, abuelo. Luc está en casa. ¿Quieres ir allí? –pregunta Daniel.

–Sí, vamos. –responde su abuelo.

---

[35] **robaría** - would steal

Capítulo diez
La razón

Después de un tiempo, Daniel y su abuelo llegan a la casa de Luc. Suben las escaleras de la casa y Daniel toca a la puerta. Esperan un momento y finalmente la puerta se abre. Hay un hombre, un hombre viejo.

El hombre mira a Daniel y a su abuelo. Sigue mirando a su abuelo, pero de una forma muy seria. Mira a su abuelo como si **viera**[36] un fantasma.

−¿Paul? ¿Eres tú? −pregunta el hombre con una voz seria.

Daniel mira al hombre. Mira a su abuelo. Se nota que su abuelo está sorprendido y preocupado.

---

[36] **viera** - he sees

—Abuelo, ¿Conoces a este hombre? – pregunta Daniel, muy confundido.

—Sí, lo conozco. Es el otro hombre en la foto conmigo y Guy.

En ese momento, llega Luc. No ve que Daniel y su abuelo están allí y dice:

—Daniel va a traer el mapa. Es hora de **tenerlo de vuelta**[37].

Luc mira a su alrededor y nota que Daniel y su abuelo están a la puerta. Su cara se vuelve blanca cuando los ve.

---

[37] **tenerlo de vuelta** - to take it back

–¿Pascal? ¿Vives aquí? ¿Qué pasa? – pregunta el abuelo de Daniel.

–Sí, vivo aquí y quiero mi mapa, Paul. Sé que tienes mi mapa.

—¿Tu mapa? ¿Por qué piensas que es tu mapa? —pregunta el abuelo de Daniel.

—Paul, sabes que yo fui el que encontró el mapa inicialmente.

—**Abu**[38], siéntate aquí, por favor. Estás cansado —dice Luc.

Daniel mira a Luc. En ese momento, comprende todo. Ese hombre es su abuelo, el abuelo de Luc.

Luc le ayuda al hombre a sentarse en el sofá de la sala. Daniel entra a la casa y su abuelo detrás de él. Daniel no pierde ni un momento para hablar sobre lo que le preocupa.

—Luc, ¡eres tú! Eres tú el que me pegó y que robó mi mochila el otro día.

---

[38] **Abu** - Papa

Luc mira a Daniel con los ojos muy abiertos. Luc mira también al hombre en el sofá. Los dos tienen expresiones vacías. Finalmente el hombre viejo dice:

–Luc no es el responsable de esta situación. Yo soy el responsable. Soy yo el que le **pidió**[39] a Luc que me ayudara a tomar el mapa.

En ese momento, el abuelo de Daniel dice:

–Pero, Pascal, ¿por qué? No comprendo. Después de la muerte de Guy prometimos nunca más hablar del mapa de la Isla Oak. ¿Por qué hiciste eso?

Luc se levanta inmediatamente. Comienza a llorar un poco y explica:

---

[39] **pidió** - asked

—Daniel, lo siento. No quería lastimarte. No quería ser un mal amigo, pero mi abuelo... está... Él está enfermo...

Su abuelo interrumpe la conversación y explica:

—Sí. Es verdad. Luc no quería estar involucrado en esta historia. La verdad es que estoy mal. Estoy enfermo. Tengo cáncer. Y tengo deudas por esta casa. No tengo suficiente dinero para pagar las deudas. No tuve opción. Cuando Luc me dijo que su amigo encontró un mapa viejo, supe inmediatamente que era el mapa de la Isla Oak. Pensé que si ustedes tenían el mapa, estaríamos más cerca del tesoro, y con ese dinero podría pagar mis deudas. Paul, el abuelo de Daniel, mira a Pascal con ojos tristes. No responde inmediatamente. Daniel ve que él está pensando. Piensa seriamente.

—Oh, Pascal. Lo siento. No sabía que estabas enfermo. **Deberías de haberme contactado**[40] para ayudarte. ¡Tú eres más importante que un mapa!

---

[40] **Deberías de haberme contactado** - You should have contacted me

En la sala, Daniel y Luc escuchan mientras Pascal y Paul hablan de sus memorias de la Isla Oak y de cuando buscaban el tesoro. Daniel y Luc están fascinados por todas las historias.

Daniel mira a su abuelo y a Pascal. Cuando habla, su abuelo está animado y lleno de energía. Los dos hombres hablan con entusiasmo de sus aventuras del pasado. En un momento en particular, Daniel y Luc notan que sus abuelos se olvidan de ellos. ¡Es como si los chicos **no estuvieran**[41] en el mismo cuarto!

Daniel no puede creer que encontró un mapa viejo de la Isla Oak, pero tampoco que el mapa le ayudó a su abuelo a encontrar a un viejo amigo perdido hace mucho tiempo.

---

[41] **estuvieran** - would not be

Daniel mira a su abuelo y a Pascal y les dice:

—Comprendo que hay una maldición de la isla. Pero, es posible que el mapa **traiga suerte**[42] también? El mapa los **puso**[43] en contacto otra vez.

Su abuelo y Pascal miran a Daniel con expresión confundida.

—¿En qué forma? —pregunta su abuelo.

—¡El mapa los puso en contacto otra vez, después de 50 años!

Los dos abuelos se miran y responden al mismo tiempo:

—Sí, ¡es posible! ¡Es muy posible!

---

[42] **traiga suerte** - brings luck
[43] **puso** - put

Epílogo

—Daniel, ¿cuál fue la mejor parte de tu verano en Canadá? —pregunta su padre.

Daniel está en el carro con sus padres. Ellos están regresando a Nueva York. Daniel mira por la ventana del carro.

—El verano estuvo lleno de aventuras y descubrimientos. Pasé un tiempo increíble, un verano que nunca voy a olvidar. ¿Pero, mi parte favorita...? No sé. ¿El descubrimiento del mapa? ¿Las investigaciones con Luc? ¿Las conversaciones con el abuelo? El descubrimiento de que el abuelo de Luc era uno de los mejores amigos de mi abuelo? Y ¿que mi abuelo buscaba el tesoro en la Isla Oak con Pascal y Guy? ¡No sé!

—Es verdad que **has tenido**[44] muchas aventuras este verano. Y has creado amistades importantes. ¿Qué es lo primero que quieres hacer cuando regreses a New York? —pregunta su mamá.

Daniel está callado por un momento. Piensa. Piensa en todo lo que pasó este verano. Piensa en su abuelo y cómo el mapa causó una reunión con su viejo amigo, pero también con él, con Daniel.

Mira a su mamá y le responde:

—Voy a escribirle una carta a mi abuelo.

---

[44] **has tenido** - you had

GLOSARIO

A

a - to
abierta - open
abiertos - open
abre - he opens
abrirla - to open it
abrió - he opened
abuelo(s) - grandfather(s)
accidente - accident
ahora - now
al - to the, at the
algo - something
alguien - someone
algunas - some
allí - there
alrededor - around
amigo(s) - friend(s)
amistades - friendships
animado - cheerful
ansioso - nervous
antes - before
aprendido - learned
aquí - here
artículo - article
asustado - frightened
así - so
atención - attention
auténtico - authentic
aventuras - adventures
ayer - yesterday
ayuda - he helps
ayudara - he helps
ayudarte - to help you
ayudó - helped

años - years

B

baja - he descends
bajé - I descended
baúl - trunk
bien - well
blanca - white
bolsillo - pocket
busca - he looks for
buscaba - I/he looked for
buscaban - they looked for
buscando - looking for
buscar - to look for
buscaste - you looked for
buscábamos - we looked for
busqué - I looked for
búsqueda - hunt

C

cada - each
cae - he falls
(me) caí - I fell
caja - box
callado - quiet
calle - road
cambió - he changed
camina - he walks
caminaba - he was walking
cansado - tired
cara - face
carro - car
carta - letter
casa - house
(a) causa de - because of
causó - he caused
celular - cell phone
cena - dinner
cerca - near
cerrada - closed
chico(s) - boy(s)
cocina - kitchen

comienza - he starts
como - like
completamente - completely
complicada - complicated
comprendas - you understand
comprende - he understands
comprender - to understand
comprendes - you understand
comprendimos - we understood
comprendo - I understand
celular - computer
compárala - to compare it
con - with
conexión - connection
confundida - confused
confundido - confused
conmigo - with me
conoces - you know
conozco - I know
contactado - contacted
contactarse - to contact
contactarte - to contact you
contacto - contact
contigo - with you
continuar - to continue
continúa - he continues
continúan - they continue
convencer - to convince
conversaciones - conversations
conversación - conversation
corre - he runs

corriendo - running
cosa(s) - thing(s)
creado - created
creer - to believe
creo - I believe
creído - believed
cualquier - whichever
cuando - when
cuarto - room
cuál - which
cáncer - cancer
cómo - how

D

da - he gives
dame - give me
de - of, from
debajo - underneath
debe - he must
deben - they must
decepcionado - disappointed
decide - he decides
decidimos - we decide
decir - to say, tell
decirle - to tell him
dejó - he left
del - of the
desafortunadamente - unfortunately
desaparecido - disappeared
descubierto - discovered
descubrimiento - discovery
descubrimientos - discoveries
descubrimos - we discover(ed)
desde - from
despacio - slowly
después - after
detrás - behind
deudas - debts
día - day
dice - he says
diferente - different
difícil - difficult

digas - you say
dije - I said
dijiste - you said
dijo - he said
dinero - money
distraído - distracted
donde - where
dónde - where
dormitorio - bedroom
dos - two
duerme - he sleeps
durante - during

E

e - and
él - the
él - he
ellos - they
emociones - emotions
en - in
encontrado - found
encontrar - to find
encontraste - you found
encontré - I found
encontró - he found
energía - energy
enfermo - sick
enseñas - you teach
entender - to understand
enterrado - buried
entiende - he understands
entiendes - you understand
entiendo - I understand
entonces - then
entra - he enters
entrada - entrance
entrar - to enter
entre - between
entré - I entered
entusiasmo - enthusiasm
era - I, he was
eres - you are

es - he is, it is
esa - that
escalera(s) - stair(s)
escribe - he writes
escribir - to write
escucha - he listens
escuchan - they listen
escuchaste - you listened
ese - that
eso - that
espera - he waits
esperan - they wait
esta - this
estaba - I, he was
estabas - you were
estar - to be
estará - he, it will be
este - this
estoy - I am
estudiamos - we studied
estuvimos - we were
estuvo - he was
está - he, it is
están - they are
estás - you are
estés - you are
evidente - evident
examina - he examines
excelente - excellent
existe - exists
explica - he explains
explicación - explanation
explicar - to explain
explicarte - to explain to you
expresion(es) - expression(s)
extraño – strange

F

fantasma - ghost
fascinados - fascinated
fascinante - fascinating
(por) favor - please
favorita - favorite
finalmente - finally
forma - form
foto(s) - photo(s)
fue - it was
fuera - it was
fuerte - loud
fui - I went

G

garaje - garage
gesto - gesture
gran - great
grita - he yells
guardar - to keep
guardarlo - to keep it

H

ha - has
habla - he speaks
hablan - they speak
hablando - speaking
hablar - to speak
hablaras - you speak
hables - you speak
hablo - I speak
hablé - I spoke
había - there was, were
hace - he, it does, makes
hacer - to do, make
hacías - you did, made
harían - they would do, make
has tenido - you have had
hay - there is, are
haya - there is, are

hiciste - you did, made
historia - history, story
historias - histories, stories
hombre - man
hombres - men
hora - hour
horrible - horrilbe
hoy - today
hoyo - hole

I
iba - was going
idea - idea
importante(s) - important
incidente - incident
increíble - incredible
información - information
inicialmente - initially
inmediatamente - immediately
interesado - interested
interesante - interesting
internet - Internet
interrumpe - he interrupts
investigaciones - investigations
investigamos - we investigate(d)
investigué - I investigated
ir - to go
irme - (I) to go away
irnos - (we) go away
isla - island

J
joven – young

L

la - the
largo - long
las - the
lastimarte - to hurt (yourself)
lee - he reads
leer - to read
lejos - far
(se) levanta - he gets up
(me) levanté - I got up
leyenda - legend
leí - I read
(se) llama - he, it is called
llega - he arrives
llegan - they arrive
llegué - I arrived
lleno - full
llorar - to cry
lo - it, him
los - the, them
luego - later

M

mal - badly
maldición - curse
mamá - mom
manera - way
manos - hands
mapa - map
me - me
mejor(es) - better
memorias - memories
mesa - table
mi(s) - my
mientras - while
minuto(s) - minute(s)
mira - he watches, looks at
miran - they watch, look at
mirando - watching, looking at
mirar - to watch, look at
mismo - same

mochila - backpack
momento - moment
mostró - he showed
mucha/o(s) - a lot, many
muchacho - young man
muerte - death
muerto - dead
murieron - they died
murió - he died
muy - very
más - more

N

nada - nothing
nadie - no one
necesario - necessary
necesita - he needs
necesito - I need
nervioso - nervous
ni - neither, nor
ninguna - not one
nosotros - we
nota - he notices
notan - they notice
nueva - new
nueve - nine
nunca - never

O

o - or
obtener - to get
ocho - eight
ojos - eyes
olvidan - they forget
olvidar(se) - to forget
olvidó - he forgot
opción - option
otra(o)(s) - other
oye - he hears
oyó - he heard
oí - I heard
oídos - ears

P

padre - father
padres - parents
pagar - to pay
papá - dad
para - for
parece - it seems
parte(s) - part(s)
particular - particular
¿qué pasa? - what is going on?
pasado - happened
pasando - happening
pasé - I spent
pasó - he spent
pega - it hits
pegó - it hit
peligro - danger
peligroso - dangerous
pensaba - I thought
pensando - thinking
pensé - I thought
perdido - lost
perdimos - we lost
periódico - newspaper
pero - but
persona - person
personas - people
pidió - he asked for
piensa - he thinks
piensas - you think
pienso - I think
pierde - he loses
poco - a little
podemos - we can
poder - to be able
podría - he could
podía - he could
pondría - he would put
pone - he puts
por - for
porque - because
posibilidades - possibilities
posible - possible
pregunta(s) - question(s)
pregunta - he asks

pregunté - I asked
preocupa - worry
preocupado - worried
primero - first
probablemente - probably
problema - problem
prometimos - we promised
puede - he is able
puedes - you are able
puerta - door
puso - he put

Q

que - that
querer - to want
querría - he would want
quería - I, he wanted
quiere - he wants
quieren - they want
quieres - you want
quiero - I want
quién - who
qué - what

R

rara - odd
raro - odd
razón - reason
real - real
realidad - reality
recibe - he receives
reconoce - he recognizes
regresa - he returns
regresando - returning
regreses - you return
(de) repente - suddenly
responde - he responds
responden - they respond

responder - to respond
respondiste - you responded
responsable - responsible
respuesta - answer
reunión - meeting
robado - stolen
robaría - I, he would steal
robó - he stole
rota - broken
ruido - noise
rumor(es) - rumor(s)
rápidamente - quickly
rápido - quick

S

sabe - he knows
saber - to know
sabes - you know
sabía - I, he knew
sala - living room
salir - to leave, go out
salí - I left
sea - is
secreto - secret
segundos - seconds
seguro - sure
según - according to
seis - six
sentarse - to sit down
sepa - he knows
ser - to be
seria(o) - serious
seriamente - seriously
si - if
sido - been
siempre - always
sienta - he sits
sientes - you feel
siento - I feel
(lo) siento - I'm sorry
sigue - he continues

siguiente - following
silencio - silence
silueta - sihouette
sino - but
situación - situation
siéntate - sit down
sobre - about
sofá - sofa
solo - alone
sorprendido - surprised
soy - I am
su - his, her, their
sube - he climbs
suben - they climb
subir - to climb
suelo - ground, floor
suerte - luck
suficiente - sufficient
sumamente - extremely
supe - I knew, found out
sus - his, her, their

sé - I know
sí - yes
sólo - only
sótano - basement

T

también - also
tampoco - neither
tan - so
(más) tarde - later
tema - issue
tenemos - we have
tener(lo) - to have (it)
tengo - I have
tenido - had
tenían - they had
termina - it ends
tesoro - treasure
texto - text
tiempo - time
tiene - he, it has
tienen - they have
tienes - you have
titular - headline

toca la puerta - he knocks on the door
toda/o(s) - all
todavía - still
toma - he takes
tomar - to take
tomó - he took
tono - tone
traer - to bring
traiga - he brings
tras - after
trata - he tries
traté - I tried
tres - three
triste(s) - sad
tráelo - bring it
tu - your
tú - you
tuve - I had

U

última - last
un(a) - a, an
única - only
uno - one
unos - some
ustedes - you

V

va - he, it goes
vacías - empty
vamos - we go
van - they go
ve - he sees
veces - times, instances
ven - they see
venir - to come
ventana - window
verano - summer
verdad - truth
verdadera/o - true
verte - to see you
vez - time, instance
vi - I saw
vibra - it vibrates
vida - life
viejo - old
viene - he comes
vio - he saw
visita - he visits

viste - you saw
visto - seen
vives - you live
vivo - I live
voy - I go
voz - voice
vuelta - turn
vuelve - he returns

Y

y - and
ya - already
yo - I

ABOUT THE AUTHOR

Theresa Marrama is a French teacher in Northern New York. She has been teaching French to middle and high school students since 2007. She is the author of many language learner novels and has also translated a variety of Spanish comprehensible readers into French. She enjoys teaching with Comprehensible Input and writing comprehensible stories for language learners.

Theresa Marrama's books include:

Une Obsession dangereuse, which can be purchased at www.fluencymatters.com

Her French books on Amazon include:

Une disparition mystérieuse
L'île au trésor:
Première partie: La malédiction de l'île Oak
L'île au trésor:
Deusième partie: La découverte d'un secret
La lettre
Léo et Anton
La Maison du 13 rue Verdon
Mystère au Louvre
Perdue dans les catacombes
Les chaussettes de Tito

Her Spanish books on Amazon include:

La ofrenda de Sofía
Una desaparición misteriosa
Luis y Antonio
La carta
La casa en la calle Verdón
La isla del tesoro: Primera parte: La maldición de la isla Oak
Misterio en el museo

Her German books on Amazon include:

Leona und Anna
Geräusche im Wald
Der Brief
Nachts im Museum

Check out Theresa's website for more resources and materials to accompany her books:

www.compelllinglanguagecorner.com

Made in the USA
Middletown, DE
24 April 2023

29348034R00044